Estratégias de Branded Content alinhadas aos ODS: planejamento para marcas com propósito

I0477812

APRESENTAÇÃO

INTRODUÇÃO AO BRANDED CONTENT E AOS OBJETIVOS DE DESENVOLVIMENTO SUSTENTÁVEL (ODS)

ENTENDENDO OS OBJETIVOS DE DESENVOLVIMENTO SUSTENTÁVEL

PLANEJANDO BRANDED CONTENT COM FOCO NOS ODS

IDENTIFICANDO ODS RELEVANTES PARA SUA MARCA

CRIANDO HISTÓRIAS QUE RESSOAM

ENGAJANDO AUDIÊNCIAS COM BRANDED CONTENT SOBRE ODS

MEDINDO O IMPACTO DO SEU BRANDED CONTENT NOS ODS

PARCERIAS ESTRATÉGICAS PARA AMPLIFICAR O IMPACTO

DESAFIOS E SOLUÇÕES NO BRANDED CONTENT COM FOCO EM ODS

TENDÊNCIAS FUTURAS EM BRANDED CONTENT E SUSTENTABILIDADE

PLANO DE AÇÃO DE 30 DIAS PARA IMPLEMENTAR SUA ESTRATÉGIA DE BRANDED CONTENT COM FOCO EM ODS

REGINALDO OSNILDO

APRESENTAÇÃO

Bem-vindo ao início de uma jornada transformadora. Este livro não é apenas um manual, mas uma ponte para o futuro do marketing, da gestão de marcas e do empreendedorismo consciente. À medida que o mundo avança, a sustentabilidade se torna não apenas um ideal a ser perseguido, mas uma prática essencial para o sucesso e relevância no mercado global. Você, profissional de marketing, gestor de marca ou empresário, está prestes a descobrir como integrar os Objetivos de Desenvolvimento Sustentável (ODS) em suas estratégias de branded content, transformando não só a forma como sua marca é percebida, mas também como ela impacta o mundo.

Este livro foi cuidadosamente elaborado para fornecer insights práticos e estratégias que ilustram o poder do alinhamento entre conteúdo de marca e iniciativas sustentáveis. Ao adentrar nestas páginas, você encontrará não só uma síntese do conhecimento mais atual sobre o tema, mas também contribuições originais que irão facilitar sua compreensão e aplicação dos conceitos discutidos.

Cada capítulo foi desenhado para se completar, oferecendo uma visão abrangente e ao mesmo tempo profunda sobre diferentes aspectos da integração dos ODS em suas estratégias de marketing e comunicação. Desde uma introdução ao branded content e aos ODS, passando por estratégias de planejamento, identificação dos ODS mais relevantes para sua marca, até a criação de histórias que ressoam com o público e a medição do impacto social e ambiental do seu conteúdo.

Você está diante de uma oportunidade única de estar à frente no mercado, alinhando sua marca aos valores mais urgentes e necessários do nosso tempo. Este livro é seu guia para criar um impacto positivo significativo, engajando suas audiências de maneira autêntica e inovadora.

Ao final de cada capítulo, um convite para o próximo o aguarda, garantindo uma experiência de leitura fluida e envolvente.

Preparamos tudo pensando em você, para que, ao virar a última página, esteja equipado não só com o conhecimento, mas com o ímpeto e a inspiração necessários para transformar ideias em ação.

Convido você, portanto, a embarcar nesta jornada. Descubra como marcas com propósito podem não apenas prosperar, mas também liderar o caminho em direção a um futuro mais sustentável e justo para todos. Vamos juntos transformar o mundo, uma marca, um conteúdo, uma ação de cada vez. Seja bem-vindo ao futuro do branded content. Seja bem-vindo ao seu próximo grande passo profissional e pessoal.

Atenciosamente

Prof. Dr. Reginaldo Osnildo

INTRODUÇÃO AO BRANDED CONTENT E AOS OBJETIVOS DE DESENVOLVIMENTO SUSTENTÁVEL (ODS)

No coração deste livro, e da sua jornada como profissional de marketing, gestor de marca ou empresário, jaz a intersecção de duas poderosas forças: o branded content e os Objetivos de Desenvolvimento Sustentável (ODS). Este capítulo serve como um farol, iluminando o caminho através destes conceitos, mostrando como eles se complementam e por que sua integração não é apenas valiosa, mas essencial para o sucesso e a relevância em um mundo em rápida transformação.

O QUE É BRANDED CONTENT?

Branded content, ou conteúdo de marca, vai além da publicidade tradicional. Trata-se de uma abordagem que integra o marketing ao entretenimento, à informação e à educação, criando uma conexão genuína entre a marca e seu público. O objetivo não é apenas vender um produto ou serviço, mas sim oferecer valor através de conteúdo que engaja, informa, emociona e, acima de tudo, constrói uma relação de confiança e respeito mútuo.

Esta abordagem reconhece que você, o consumidor moderno, é sofisticado, informado e busca mais do que transações; busca experiências, histórias e marcas que reflitam seus valores e aspirações. O branded content permite que as marcas se apresentem não como entidades comerciais distantes, mas como personagens relatables em sua própria narrativa e na de seus consumidores.

OS OBJETIVOS DE DESENVOLVIMENTO SUSTENTÁVEL (ODS)

Os ODS, estabelecidos pela Organização das Nações Unidas em 2015, são um chamado global à ação para erradicar a pobreza, proteger o planeta e garantir que todas as pessoas desfrutem de paz e prosperidade até 2030. Com 17 objetivos interconectados, eles oferecem um plano para alcançar um futuro melhor e mais sustentável para todos. Os ODS abrangem questões que vão desde a eliminação da fome até a promoção da igualdade de gênero e o combate às mudanças climáticas.

Para você, profissional dedicado a integrar esses objetivos em sua estratégia de branded content, entender os ODS é fundamental. Eles não são apenas metas globais, mas também uma fonte de inspiração para conteúdos que podem transformar o mundo. Ao alinhar suas mensagens com esses objetivos, sua marca não apenas contribui para um bem maior, mas também se conecta com seu público de maneiras profundamente significativas.

A IMPORTÂNCIA DO ALINHAMENTO

Alinhar o branded content com os ODS não é apenas uma boa prática de responsabilidade social corporativa; é uma estratégia inteligente de negócios. Marcas que adotam e promovem esses objetivos demonstram liderança, visão de futuro e um compromisso genuíno com a sustentabilidade. Isso ressoa poderosamente com consumidores, especialmente com as gerações mais jovens, que priorizam marcas com propósitos claros e compromissos com questões sociais e ambientais.

Integrar os ODS em seu branded content significa mais do que simplesmente mencionar metas globais em suas campanhas. Envolve a criação de conteúdo que reflete os valores por trás desses objetivos, promove a conscientização e inspira ação. Isso pode ser alcançado por meio de narrativas que destacam iniciativas sustentáveis, histórias de impacto positivo e soluções inovadoras para os desafios globais.

À medida que avançamos neste livro, vamos mergulhar mais profundamente em cada um dos ODS, explorando como eles podem ser integrados de maneira autêntica e eficaz em suas estratégias de branded content. Você aprenderá a identificar quais objetivos ressoam mais com sua marca e como contar histórias que não apenas engajam seu público, mas também contribuem para um mundo melhor.

Este capítulo é apenas o começo. O próximo passo nesta jornada é entender os detalhes de cada Objetivo de Desenvolvimento

Sustentável e como eles se aplicam ao contexto de negócios e marketing. Prepare-se para um mergulho profundo nos 17 ODS, onde cada um será desvendado, revelando como sua marca pode desempenhar um papel crucial na transformação do nosso mundo.

Convido você a prosseguir nesta jornada conosco. O próximo capítulo aguarda, pronto para abrir novas perspectivas e possibilidades para sua marca. Juntos, vamos transformar conhecimento em ação, criando conteúdo de marca que não apenas fala ao coração de seu público, mas também contribui para um legado duradouro de impacto positivo.

ENTENDENDO OS OBJETIVOS DE DESENVOLVIMENTO SUSTENTÁVEL

Ao embarcar nesta jornada conosco, você já deu o primeiro passo crucial para integrar os Objetivos de Desenvolvimento Sustentável (ODS) em sua estratégia de branded content. Este capítulo é dedicado a mergulhar profundamente em cada um dos 17 ODS, compreendendo sua essência e como eles se aplicam ao universo do marketing, da gestão de marcas e do empreendedorismo.

APROFUNDANDO NOS 17 ODS

Cada Objetivo de Desenvolvimento Sustentável é uma peça de um quebra-cabeça complexo, visando transformar nosso mundo para melhor. Vamos explorar cada um deles, destacando sua relevância para o contexto empresarial e de marketing.

1 - Erradicação da pobreza: Foco em eliminar a pobreza em todas as suas formas. Como marca, você pode contribuir promovendo a inclusão financeira e apoiando iniciativas que proporcionem oportunidades econômicas.

2 - Fome zero e agricultura sustentável: Envolve promover a agricultura sustentável e acabar com a fome. Marcas podem se envolver apoiando agricultores locais ou desenvolvendo campanhas que conscientizem sobre a segurança alimentar.

3 - Saúde e bem-estar: Visa garantir uma vida saudável e promover o bem-estar. Sua estratégia pode incluir conteúdo que destaque práticas saudáveis ou apoie programas de saúde comunitária.

4 - Educação de qualidade: Focado em proporcionar educação inclusiva e de qualidade. Iniciativas de branded content podem apoiar a educação, desde campanhas de conscientização até programas de bolsas de estudo.

5 - Igualdade de gênero: Eliminar a desigualdade de gênero e empoderar todas as mulheres e meninas. Marcas podem liderar pelo exemplo, promovendo a igualdade dentro de suas próprias estruturas e em suas comunicações.

6 - Água limpa e saneamento: Garantir a disponibilidade de água e gestão sustentável. Iniciativas de marca podem variar de promover o uso consciente da água a apoiar projetos de saneamento em comunidades carentes.

7 - Energia limpa e acessível: Assegurar o acesso à energia acessível, confiável, sustentável e moderna. Marcas podem explorar conteúdo educativo sobre eficiência energética ou investir em energias renováveis.

8 - Trabalho decente e crescimento econômico: Promover o crescimento econômico inclusivo e sustentável, e trabalho decente para todos. Conteúdo de marca pode focar em histórias de emprego sustentável ou em práticas empresariais éticas.

9 - Indústria, inovação e infraestrutura: Desenvolver infraestrutura resiliente, promover a industrialização inclusiva e sustentável e fomentar a inovação. As marcas podem destacar suas inovações ou apoiar startups e tecnologias sustentáveis.

10 - Redução das desigualdades: Reduzir a desigualdade dentro dos países e entre eles. Conteúdo pode abordar inclusão social, econômica e oportunidades para todos.

11 - Cidades e comunidades sustentáveis: Tornar as cidades e os assentamentos humanos inclusivos, seguros, resilientes e sustentáveis. Marcas podem envolver-se em projetos urbanos sustentáveis ou campanhas de conscientização sobre a vida sustentável.

12 - Consumo e produção responsáveis: Assegurar padrões de consumo e produção sustentáveis. O conteúdo pode educar sobre o consumo consciente ou destacar práticas de produção sustentável da marca.

13 - Ação contra a mudança global do clima: Adotar

medidas urgentes para combater a mudança climática e seus impactos. Marcas podem criar conteúdo que promova a conscientização e a ação climática.

14 - Vida na água: Conservar e usar de forma sustentável os oceanos, mares e recursos marinhos. Iniciativas podem variar de promover a limpeza dos oceanos a apoiar a pesca sustentável.

15 - Vida terrestre: Proteger, restaurar e promover o uso sustentável dos ecossistemas terrestres. Marcas podem engajar-se em reflorestamento ou na proteção da biodiversidade.

16 - Paz, justiça e instituições eficazes: Promover sociedades pacíficas e inclusivas para o desenvolvimento sustentável. Conteúdo de marca pode focar em justiça social e em fortalecer instituições em todos os níveis.

17 - Parcerias e meios de implementação: Revitalizar a parceria global para o desenvolvimento sustentável. Marcas podem destacar suas colaborações com ONGs, governos e outras empresas para alcançar os ODS.

INTEGRANDO OS ODS AO SEU BRANDED CONTENT

Compreender os ODS é apenas o primeiro passo. O desafio e a oportunidade residem em como integrar esses objetivos de maneira autêntica e eficaz em sua estratégia de conteúdo. Isso envolve não apenas promover iniciativas sustentáveis, mas também refletir os valores dos ODS em todas as facetas de sua comunicação de marca.

Ao avançar neste livro, exploraremos estratégias específicas para planejar e desenvolver conteúdo de marca alinhado aos ODS. Você aprenderá a identificar quais objetivos são mais relevantes para sua marca, como contar histórias que ressoem com seu público e como mensurar o impacto do seu conteúdo.

O próximo capítulo o guiará através do processo de planejamento de branded content com foco nos ODS. Prepare-se para desbloquear o potencial de sua marca para engajar o público, promover a conscientização e inspirar ação para um futuro mais sustentável.

Convidamos você a continuar nesta jornada conosco. As estratégias que compartilharemos no próximo capítulo fornecerão as ferramentas necessárias para transformar sua visão em realidade, criando conteúdo que não apenas eleva sua marca, mas também contribui para um legado positivo no mundo.

PLANEJANDO BRANDED CONTENT COM FOCO NOS ODS

Após mergulhar nos Objetivos de Desenvolvimento Sustentável (ODS) e sua relevância para o mundo empresarial, o próximo passo é integrá-los ao coração da sua estratégia de branded content. Este capítulo é dedicado a fornecer um roteiro para planejar e desenvolver conteúdo de marca que não só engaja o público, mas também promove a conscientização e ação para os ODS, alinhando-se perfeitamente com os valores da sua marca.

DEFININDO SEUS OBJETIVOS DE CONTEÚDO COM OS ODS EM MENTE

O ponto de partida para qualquer estratégia de branded content focada nos ODS é definir claramente seus objetivos. O que você espera alcançar? Seja aumentar a conscientização sobre questões de sustentabilidade, mudar percepções, incentivar ações específicas ou posicionar sua marca como líder em práticas sustentáveis, seus objetivos devem refletir um compromisso autêntico com os ODS que escolheu priorizar.

IDENTIFICANDO OS ODS MAIS RELEVANTES PARA SUA MARCA

Nem todos os 17 ODS serão igualmente relevantes para todas as marcas. A seleção cuidadosa dos objetivos que melhor se alinham com os valores, a missão e as capacidades da sua marca é crucial. Considere onde sua marca pode causar o maior impacto positivo e como isso ressoa com seu público-alvo. Esta etapa requer uma compreensão profunda tanto dos ODS quanto do seu negócio e clientes.

ENTENDENDO SEU PÚBLICO

Conhecer profundamente seu público é essencial para criar conteúdo que ressoe e engaje. Quais são seus valores, preocupações e interesses? Como eles se relacionam com os ODS? A pesquisa de público pode revelar insights valiosos sobre como abordar questões de sustentabilidade de maneiras que sejam significativas e relevantes para seus clientes e stakeholders.

CRIANDO UMA NARRATIVA AUTÊNTICA

Com os ODS selecionados e um entendimento claro do seu público, o próximo passo é desenvolver uma narrativa autêntica. Esta história deve entrelaçar os valores da sua marca com os objetivos sustentáveis que você busca apoiar, criando um conteúdo que é ao mesmo tempo informativo, inspirador e acionável. A autenticidade é chave; seu público pode perceber quando uma marca não está verdadeiramente comprometida com suas causas promovidas.

ESCOLHENDO OS FORMATOS E CANAIS ADEQUADOS

A eficácia do seu branded content depende não apenas do que você diz, mas de como e onde você diz. Vídeos, artigos de blog, podcasts, infográficos, eventos virtuais e campanhas nas redes sociais são apenas alguns dos formatos que você pode utilizar. A seleção desses formatos e dos canais para distribuí-los deve ser guiada pela onde seu público consome conteúdo e pelo que melhor entrega sua mensagem.

MEDINDO O SUCESSO E AJUSTANDO ESTRATÉGIAS

Estabelecer métricas claras de sucesso é vital para avaliar a eficácia da sua estratégia de branded content focada nos ODS. Isso pode incluir engajamento do público, alcance do conteúdo, ações específicas tomadas e contribuições para os objetivos sustentáveis escolhidos. Com base nesses dados, ajustes e otimizações podem ser feitos para garantir que sua estratégia permaneça relevante e eficaz.

Com um plano sólido em mãos, você está pronto para dar vida à sua estratégia de branded content focada nos ODS. No entanto, o planejamento é apenas o início. A implementação eficaz e a adaptação contínua serão fundamentais para o sucesso a longo prazo.

O próximo capítulo se concentrará em como identificar os ODS mais relevantes para sua marca e integrá-los de maneira autêntica em sua estratégia de conteúdo. Exploraremos técnicas para garantir que sua abordagem não apenas fale com seu público de maneira significativa, mas também contribua de forma mensurável para os objetivos de desenvolvimento sustentável.

Ao avançar, lembre-se de que cada passo dado em direção à integração dos ODS em sua estratégia de branded content é um passo em direção a um futuro mais sustentável e um testemunho do compromisso da sua marca com um impacto positivo. Convidamos você a prosseguir nesta jornada conosco, preparando-se para transformar intenções em ações significativas que ressoam com seu público e beneficiam o planeta.

IDENTIFICANDO ODS RELEVANTES PARA SUA MARCA

Após traçar um plano para integrar os Objetivos de Desenvolvimento Sustentável (ODS) em sua estratégia de branded content, o próximo passo crucial é identificar quais desses objetivos são mais relevantes para sua marca e público-alvo. Este capítulo oferece um guia para navegar nesse processo, assegurando que sua abordagem não apenas ressoe autenticamente com sua audiência, mas também contribua significativamente para o avanço dos ODS.

COMPREENDENDO A CONEXÃO ENTRE MARCA E ODS

Para selecionar os ODS mais relevantes, comece por avaliar profundamente a missão, visão e valores da sua marca. Que problemas sua marca se propõe a resolver? Como seus produtos ou serviços contribuem para um mundo melhor? A resposta a estas perguntas ajudará a alinhar sua marca com os ODS que naturalmente complementam sua proposta de valor.

ANÁLISE DE IMPACTO E RELEVÂNCIA

- **Impacto direto e indireto**: Considere tanto o impacto direto que sua marca tem (por exemplo, através de suas operações e cadeia de suprimentos) quanto o impacto indireto (por exemplo, influenciando comportamentos de consumidores ou promovendo mudanças na indústria).

- **Relevância para o público**: Avalie quais ODS ressoam mais com seu público-alvo. Isso pode ser feito através de pesquisas de mercado, análise de interações nas redes sociais e feedback direto dos clientes. Entender as preocupações e valores de seu público é chave para escolher ODS que tenham um apelo emocional e racional.

PRIORIZANDO ODS PARA MÁXIMO IMPACTO

Uma vez que tenha uma compreensão clara dos ODS que estão alinhados com sua marca e ressoam com seu público, o próximo passo é priorizá-los. Dada a vastidão e a variedade dos 17 objetivos, concentrar-se em alguns selecionados permitirá a você desenvolver iniciativas mais profundas e impactantes, em vez de tentar abordar todos superficialmente.

INTEGRAÇÃO AUTÊNTICA NA ESTRATÉGIA DE CONTEÚDO

Com os ODS prioritários identificados, a integração em sua estratégia de conteúdo requer um cuidado especial para garantir autenticidade e eficácia. Isso envolve:

- **Contar histórias reais**: Use histórias de impacto real, seja de dentro da sua organização ou de parceiros e comunidades com quem você trabalha. Histórias genuínas aumentam a credibilidade e a conexão emocional com o público.

- **Evidenciar ações e resultados**: Seja transparente sobre o que sua marca está fazendo para contribuir para os ODS selecionados. Inclua dados, resultados de projetos e histórias de sucesso em seu conteúdo.

- **Engajar e inspirar ação**: Além de informar e educar, seu conteúdo deve inspirar seu público a tomar ações concretas, seja através de mudanças de comportamento, apoio a causas ou participação em iniciativas sustentáveis.

À medida que avançamos, o próximo capítulo focará em como criar histórias que ressoam com seu público, alinhadas aos valores dos ODS e à missão da sua marca. Exploraremos técnicas para contar essas histórias de forma poderosa e emocional, garantindo que seu conteúdo não apenas engaje seu público, mas também inspire mudanças significativas.

Cada passo dado na integração dos ODS em sua estratégia de branded content é uma oportunidade para fortalecer a relação com seu público, diferenciar sua marca no mercado e contribuir para um impacto positivo duradouro. Convidamos você a continuar essa jornada conosco, transformando sua marca em uma força para o bem, um conteúdo de cada vez.

CRIANDO HISTÓRIAS
QUE RESSOAM

Após identificar os Objetivos de Desenvolvimento Sustentável (ODS) mais relevantes para sua marca e entender como integrá-los autenticamente em sua estratégia de branded content, o próximo passo é aprender a criar histórias que verdadeiramente ressoem com seu público. Este capítulo se dedica a explorar técnicas para contar histórias poderosas e emocionais, capazes de engajar sua audiência de maneira significativa e inspirar ação em prol dos ODS.

A ARTE DA NARRATIVA NO BRANDED CONTENT

A narrativa é a alma do branded content. Ela transforma informações em experiências, dados em emoções, e marcas em contadores de histórias. Para que uma história ressoe, ela deve ser:

- **Autêntica**: Baseie suas histórias em fatos, pessoas reais e experiências autênticas. A autenticidade constrói confiança e credibilidade com seu público.

- **Relevante**: As histórias devem ser pertinentes aos interesses, preocupações e valores do seu público. Isso garante uma conexão emocional e intelectual forte.

- **Inspiradora**: Histórias que inspiram ação ou mudança de perspectiva têm um impacto duradouro. Elas encorajam o público a se envolver com sua marca e com os ODS de maneira mais profunda.

ENCONTRANDO E MOLDANDO SUAS HISTÓRIAS

- **Fontes de inspiração**: Olhe para dentro da sua empresa, sua cadeia de valor, seus clientes e as comunidades com as quais você interage. Cada uma dessas áreas pode fornecer material rico para histórias que destacam seu compromisso com os ODS.

- **Desenvolvimento da narrativa**: Ao desenvolver sua história, concentre-se em criar um arco narrativo claro com um início cativante, um desenvolvimento que construa empatia e um fim que deixe uma mensagem memorável ou uma chamada para ação.

Técnicas de Contação de Histórias

- **Use personagens relatáveis**: Histórias com personagens com os quais seu público pode se identificar são mais engajantes. Esses personagens podem ser funcionários, clientes, parceiros ou membros da comunidade.

- **Empregue elementos visuais**: Imagens, vídeos e infográficos podem tornar sua história mais imersiva e memorável, ajudando a transmitir emoções e informações de maneira eficaz.

- **Mostre o impacto**: Demonstre o impacto real de suas ações nos ODS através de suas histórias. Isso pode incluir melhorias na comunidade, avanços ambientais ou mudanças positivas na vida das pessoas.

- **Inclua uma chamada para ação**: Encerre sua história com uma chamada clara para ação. Isso pode ser um convite para aprender mais, participar de uma iniciativa ou adotar comportamentos sustentáveis.

Com histórias que ressoam, você não apenas engaja seu público de maneira significativa, mas também fomenta uma comunidade de defensores da marca e dos ODS. No entanto, contar histórias é apenas uma parte da equação; o próximo capítulo explorará como engajar efetivamente suas audiências com branded content sobre ODS, incluindo a escolha dos canais certos e formatos de conteúdo.

Ao avançar, lembre-se de que cada história que você conta é uma oportunidade para destacar o papel único da sua marca na promoção de um futuro mais sustentável. Convidamos você a continuar essa jornada conosco, criando e compartilhando histórias que não apenas elevam sua marca, mas também contribuem para um impacto positivo no mundo.

ENGAJANDO AUDIÊNCIAS COM BRANDED CONTENT SOBRE ODS

Tendo explorado como criar histórias que ressoem profundamente com seu público, o foco agora se volta para o engajamento efetivo dessas audiências com seu branded content sobre os Objetivos de Desenvolvimento Sustentável (ODS). Este capítulo oferece estratégias para maximizar o impacto do seu conteúdo, garantindo que ele não apenas alcance, mas também mobilize seu público em torno das causas sustentáveis que você promove.

ENTENDENDO SEU PÚBLICO-ALVO

Antes de tudo, é crucial ter uma compreensão detalhada de quem é seu público-alvo. Isso inclui conhecer suas preferências de conteúdo, os canais de mídia que mais utilizam e seus valores e preocupações em relação à sustentabilidade. Essa compreensão permitirá que você personalize seu conteúdo para atender às expectativas e necessidades de sua audiência, aumentando a relevância e o engajamento.

SELECIONANDO OS CANAIS CERTOS

Cada plataforma de mídia oferece diferentes vantagens para o engajamento do público com conteúdo sobre ODS. Aqui estão algumas diretrizes para escolher os canais mais eficazes:

- **Redes sociais**: Excelentes para alcançar um público amplo e promover discussões. São ideais para compartilhar histórias inspiradoras, infográficos educativos e chamadas para ação.

- **Blogs e artigos**: Proporcionam um espaço para explorar temas relacionados aos ODS de forma mais profunda, educando seu público sobre questões sustentáveis e as ações da sua marca.

- **Vídeos e podcasts**: Ferramentas poderosas para contar histórias emocionantes e compartilhar mensagens de forma dinâmica e acessível.

- **Eventos virtuais e webinars**: Oferecem oportunidades

para envolver diretamente com seu público, discutir tópicos relacionados aos ODS e promover um diálogo aberto.

CRIANDO CONTEÚDO ENGAJADOR

Para engajar efetivamente suas audiências, seu conteúdo deve ser:

- **Informativo e educacional**: Forneça informações valiosas que ajudem o público a entender a importância dos ODS e como eles podem contribuir para esses objetivos.

- **Emocionalmente ressonante**: Use o poder das histórias para tocar o coração do seu público, criando uma conexão emocional que inspire ação.

- **Interativo e participativo**: Encoraje a participação do público através de quizzes, enquetes, desafios e campanhas de mídia social que promovam a interação e o engajamento.

- **Visualmente atrativo**: Utilize elementos visuais fortes, como imagens, vídeos e infográficos, para capturar a atenção do seu público e tornar o conteúdo mais memorável.

MEDINDO O ENGAJAMENTO

Para garantir que seu branded content sobre ODS esteja alcançando os resultados desejados, é importante medir o engajamento do seu público. Isso pode incluir análises de alcance, visualizações, compartilhamentos, comentários e participação em chamadas para ação. Essas métricas fornecerão insights valiosos que podem ser usados para ajustar e melhorar suas estratégias de conteúdo continuamente.

Com estratégias eficazes para engajar suas audiências, você estará bem posicionado para transformar o interesse em ação, promovendo uma maior conscientização e apoio aos ODS. No entanto, o engajamento é apenas parte da equação; o próximo capítulo abordará como medir o impacto do seu branded content nos ODS, utilizando métricas de engajamento, alcance e, mais importante, impacto social e ambiental.

Convidamos você a prosseguir nesta jornada conosco, armado com o conhecimento e as ferramentas necessárias para não apenas capturar a atenção do seu público, mas também inspirá-lo a se juntar a você na missão de promover um futuro mais sustentável.

MEDINDO O IMPACTO DO SEU BRANDED CONTENT NOS ODS

Depois de desenvolver e implementar estratégias para engajar sua audiência com conteúdo alinhado aos Objetivos de Desenvolvimento Sustentável (ODS), o próximo passo essencial é medir o impacto desse conteúdo. Este capítulo foca nas metodologias e ferramentas que você pode usar para avaliar não apenas o engajamento e o alcance do seu conteúdo, mas, mais crucialmente, o seu impacto tangível nos ODS.

DEFININDO MÉTRICAS DE IMPACTO

Para medir o impacto do seu branded content nos ODS, é importante começar definindo métricas claras que reflitam os objetivos específicos da sua campanha. Estas métricas podem incluir:

- **Engajamento**: Visualizações, curtidas, compartilhamentos, comentários e outras interações que indicam o envolvimento do público com o seu conteúdo.

- **Alcance**: O número de pessoas que veem o seu conteúdo, que pode ajudar a medir a conscientização sobre os ODS.

- **Ação**: Medidas específicas tomadas pelo público em resposta ao seu conteúdo, como assinaturas de petições, doações para causas relacionadas aos ODS ou mudanças comportamentais que contribuem para os objetivos sustentáveis.

- **Impacto social e ambiental**: Estimativas quantitativas do impacto direto das ações incentivadas pelo seu conteúdo, como redução de resíduos, aumento na reciclagem ou melhoria nas condições de vida de comunidades carentes.

FERRAMENTAS E TÉCNICAS PARA MEDIÇÃO

Para coletar e analisar dados sobre essas métricas, você pode utilizar uma combinação de ferramentas e técnicas, incluindo:

- **Analytics de redes sociais e web**: Plataformas como Google Analytics, Facebook Insights e outras ferramentas específicas de plataforma podem fornecer dados detalhados sobre o engajamento e o alcance do seu conteúdo.

- Pesquisas e feedback direto: Questionários e entrevistas com seu público podem oferecer insights sobre o impacto percebido do seu conteúdo e quaisquer ações que eles tenham tomado como resultado.

- Estudos de caso e histórias de impacto: Documentar e compartilhar histórias específicas de como o seu conteúdo levou a mudanças positivas pode ser uma maneira poderosa de ilustrar o seu impacto nos ODS.

AVALIANDO O IMPACTO

A avaliação do impacto do seu branded content nos ODS deve ser um processo contínuo, que não apenas mede o sucesso das campanhas individuais, mas também informa estratégias futuras. Algumas práticas recomendadas incluem:

- Estabelecer benchmarks: Defina benchmarks baseados em campanhas anteriores ou padrões da indústria para ajudar a avaliar o sucesso.

- Análise regular: Realize análises regulares para acompanhar o progresso em direção aos seus objetivos e ajuste suas estratégias conforme necessário.

- Relatar transparentemente: Compartilhe os resultados do seu impacto com stakeholders internos e externos, promovendo transparência e construindo confiança.

Medir o impacto do seu branded content nos ODS é fundamental para entender sua contribuição para um futuro mais sustentável e para otimizar continuamente suas estratégias de conteúdo. No próximo capítulo, exploraremos a importância de formar parcerias estratégicas para amplificar ainda mais o impacto do seu conteúdo e ações para os ODS.

Ao continuar a medir e refinar seu impacto, você não apenas

aprimora a eficácia do seu branded content, mas também reforça o compromisso da sua marca com a sustentabilidade e o bem-estar global. Convidamos você a seguir adiante nesta jornada, usando o poder do seu conteúdo para criar uma mudança positiva significativa no mundo.

PARCERIAS ESTRATÉGICAS PARA AMPLIFICAR O IMPACTO

Aprofundando-se na jornada de integrar os Objetivos de Desenvolvimento Sustentável (ODS) em sua estratégia de branded content, um aspecto fundamental emerge: a importância de formar parcerias estratégicas. Este capítulo explora como alianças com ONGs, instituições, outras marcas e influenciadores podem amplificar significativamente o impacto do seu conteúdo e ações para os ODS.

IDENTIFICANDO PARCEIROS POTENCIAIS

O primeiro passo na formação de parcerias estratégicas é identificar organizações e indivíduos cujos valores, objetivos e público-alvo se alinham com os da sua marca. Isso pode incluir:

- **ONGs e organizações sem fins lucrativos**: Entidades que trabalham diretamente em áreas relacionadas aos ODS que você deseja apoiar.

- **Instituições acadêmicas e de pesquisa**: Parcerias com universidades e institutos de pesquisa podem fornecer dados valiosos e credibilidade ao seu conteúdo.

- **Outras marcas**: Empresas que, embora possam ser concorrentes em outros contextos, compartilham objetivos de sustentabilidade similares e podem colaborar em campanhas ou iniciativas específicas.

- **Influenciadores e criadores de conteúdo**: Indivíduos com uma forte presença online que podem ajudar a amplificar sua mensagem para um público mais amplo.

ESTABELECENDO PARCERIAS EFICAZES

Uma vez identificados os parceiros potenciais, a chave para estabelecer parcerias eficazes é o desenvolvimento de um entendimento mútuo dos objetivos da parceria, clareza nas expectativas e compromisso com a transparência. Isso envolve:

- **Definir objetivos comuns**: Estabeleça claramente os objetivos compartilhados da parceria e como cada parte contribuirá para alcançá-los.

- Acordos de colaboração: Documente os termos da parceria, incluindo compromissos de recursos, responsabilidades e cronogramas.

- Comunicação contínua: Mantenha linhas de comunicação abertas para resolver desafios, compartilhar progressos e ajustar estratégias conforme necessário.

AMPLIFICANDO O IMPACTO

Parcerias estratégicas podem amplificar o impacto do seu branded content nos ODS de várias maneiras, incluindo:

- Alcance ampliado: Acesse audiências mais amplas e diversificadas através das redes de seus parceiros.

- Credibilidade reforçada: A associação com organizações respeitadas pode aumentar a credibilidade da sua marca e das suas iniciativas.

- Recursos compartilhados: Beneficie-se de recursos compartilhados, sejam eles financeiros, humanos ou de conhecimento, para potencializar suas campanhas.

- Inovação conjunta: Colabore no desenvolvimento de novas soluções e abordagens para os desafios relacionados aos ODS.

Enquanto avançamos para o próximo capítulo, onde discutiremos os desafios comuns de integrar ODS ao branded content e soluções criativas para superá-los, lembre-se do poder das parcerias estratégicas. Ao unir forças com parceiros alinhados, sua marca pode não apenas amplificar seu impacto nos ODS, mas também fortalecer sua posição como líder em sustentabilidade.

Formar parcerias estratégicas é mais do que uma estratégia para amplificar o impacto; é um testemunho do compromisso colaborativo necessário para enfrentar os desafios globais. Convidamos você a continuar explorando como essas alianças podem transformar não apenas o alcance do seu conteúdo, mas também contribuir para um futuro mais sustentável e equitativo.

DESAFIOS E SOLUÇÕES NO BRANDED CONTENT COM FOCO EM ODS

Integrar os Objetivos de Desenvolvimento Sustentável (ODS) em estratégias de branded content é uma jornada repleta de oportunidades. No entanto, esse caminho também pode apresentar desafios únicos. Este capítulo explora obstáculos comuns enfrentados por marcas nesse processo e oferece soluções criativas para superá-los, garantindo autenticidade e eficácia nas suas iniciativas.

DESAFIO 1: ALINHAMENTO AUTÊNTICO

- **O desafio**: Encontrar um alinhamento autêntico entre os valores da marca e os ODS pode ser desafiador, especialmente se a conexão não for imediatamente óbvia para o público.

- **A solução**: Para garantir um alinhamento autêntico, mergulhe profundamente na missão e nos valores da sua marca. Desenvolva conteúdo que mostre não apenas o que você faz, mas por que você o faz, conectando suas ações diretamente aos ODS de maneira transparente e genuína.

DESAFIO 2: SOBRECARGA DE INFORMAÇÃO

- **O desafio**: Com 17 ODS abrangendo uma vasta gama de questões, existe o risco de sobrecarregar o público com informações, diluindo a mensagem e reduzindo o engajamento.

- **A solução**: Concentre-se em alguns ODS que se alinham mais estreitamente com a missão da sua marca e as preocupações do seu público. Utilize narrativas claras e focadas para comunicar sua mensagem, tornando-a mais digestível e impactante.

DESAFIO 3: MENSURAÇÃO DE IMPACTO

- **O desafio**: Medir o impacto real do branded content nos ODS pode ser complexo, especialmente quando se trata de mudanças comportamentais ou impactos a longo prazo.

- **A solução**: Estabeleça métricas específicas e realistas no início de sua campanha, focando em indicadores quantitativos e qualitativos. Utilize ferramentas de análise de dados e feedback direto do público para avaliar o sucesso e ajustar as estratégias conforme necessário.

DESAFIO 4: MANUTENÇÃO DO ENGAJAMENTO

- **O desafio**: Manter o público engajado com conteúdo sobre sustentabilidade ao longo do tempo pode ser um desafio, especialmente em um mundo digital saturado de informações.

- **A solução**: Crie uma programação de conteúdo diversificada e envolvente que inclua histórias de sucesso, atualizações de projetos e oportunidades de participação direta. Experimente diferentes formatos e canais para manter o conteúdo fresco e interessante.

DESAFIO 5: PARCERIAS ESTRATÉGICAS

- **O desafio**: Formar e manter parcerias estratégicas eficazes requer tempo, esforço e recursos, podendo ser um processo complexo e, às vezes, lento.

- **A solução**: Priorize parcerias com organizações e indivíduos que compartilham valores similares e tenham objetivos complementares. Invista em construir relações genuínas e de longo prazo, focando em benefícios mútuos e confiança.

Enquanto você avança na integração dos ODS em sua estratégia de branded content, lembre-se de que enfrentar e superar esses desafios não apenas fortalece sua marca, mas também contribui significativamente para o bem maior. No próximo capítulo, exploraremos as tendências futuras em branded content e sustentabilidade, preparando sua marca para liderar com inovação e propósito.

Encare esses desafios como oportunidades para inovar, aprender e crescer. Ao fazer isso, você não apenas eleva a sua marca, mas também ajuda a moldar um futuro mais sustentável e responsável. Convidamos você a prosseguir nesta jornada conosco, transformando cada obstáculo em um degrau para o sucesso.

TENDÊNCIAS FUTURAS EM BRANDED CONTENT E SUSTENTABILIDADE

À medida que navegamos através das histórias de sucesso e aprendizados de marcas que integraram os Objetivos de Desenvolvimento Sustentável (ODS) em suas estratégias de branded content, torna-se evidente que o futuro do marketing e da sustentabilidade está intrinsecamente ligado. Este capítulo explora as tendências emergentes nesse cruzamento, oferecendo insights sobre como as marcas podem se preparar e liderar no caminho para um futuro mais sustentável.

NARRATIVAS MULTIDIMENSIONAIS

O futuro do branded content em sustentabilidade se afastará das narrativas unidimensionais para abraçar histórias que abordam a complexidade dos desafios globais. Isso significa criar conteúdo que não apenas destaca os esforços de sustentabilidade, mas também reconhece as dificuldades, promove discussões abertas e incentiva a colaboração entre diferentes stakeholders. As marcas liderarão com transparência, compartilhando tanto sucessos quanto lições aprendidas no caminho.

TECNOLOGIA E INOVAÇÃO

A tecnologia continuará a desempenhar um papel crucial na modelagem de branded content sustentável. Realidade aumentada (RA), realidade virtual (RV) e inteligência artificial (IA) serão cada vez mais utilizadas para criar experiências imersivas que educam os consumidores sobre questões de sustentabilidade de maneiras inovadoras e envolventes. Essas tecnologias oferecem novas formas de visualizar impactos ambientais, simular mudanças sustentáveis e inspirar ação.

PERSONALIZAÇÃO E SEGMENTAÇÃO

À medida que a tecnologia de dados evolui, também evolui a capacidade das marcas de personalizar e segmentar seu conteúdo. Isso significa desenvolver estratégias que atendam às preocupações específicas de sustentabilidade de diferentes segmentos do público, oferecendo soluções personalizadas que incentivam a participação ativa. A personalização não só aumentará o engajamento, mas também ajudará a criar defensores da marca que se sintam pessoalmente conectados aos esforços de sustentabilidade.

COLABORAÇÕES E COMUNIDADES

O futuro verá um aumento nas colaborações entre marcas, ONGs, governos e consumidores, trabalhando juntos para enfrentar desafios de sustentabilidade. A construção de comunidades em torno de metas compartilhadas de sustentabilidade será essencial, utilizando plataformas digitais para facilitar o diálogo, compartilhar recursos e mobilizar ação coletiva. Essas parcerias e comunidades não apenas amplificarão o impacto, mas também fortalecerão a confiança na marca.

SUSTENTABILIDADE COMO PADRÃO

Finalmente, a maior tendência será a evolução da sustentabilidade de um diferencial de marketing para uma expectativa padrão. Os consumidores exigirão que as marcas demonstrem compromisso genuíno com a sustentabilidade em todas as facetas de suas operações, desde a cadeia de suprimentos até o branded content. As marcas que se anteciparem a essa expectativa, integrando os ODS de forma profunda e autêntica em sua estratégia de marca, liderarão o mercado.

PREPARANDO-SE PARA O FUTURO

Para se preparar para essas tendências, as marcas devem estar dispostas a investir em inovação, cultivar parcerias significativas e comprometer-se com a transparência e a autenticidade. Manter-se informado sobre as práticas sustentáveis emergentes, a evolução das expectativas dos consumidores e as novas tecnologias ajudará sua marca a se adaptar e prosperar em um futuro focado na sustentabilidade.

O próximo capítulo, e último deste livro, oferece um plano de ação de 30 dias para implementar sua estratégia de branded content focada nos ODS, desde a concepção até a execução e avaliação. Este guia passo a passo é projetado para ajudá-lo a transformar insights em ação, garantindo que sua marca não apenas participe, mas também lidere na jornada para um futuro mais sustentável.

PLANO DE AÇÃO DE 30 DIAS PARA IMPLEMENTAR SUA ESTRATÉGIA DE BRANDED CONTENT COM FOCO EM ODS

Para marcas comprometidas em alinhar suas estratégias de branded content com os Objetivos de Desenvolvimento Sustentável (ODS), o desafio pode parecer formidável. No entanto, com um plano de ação claro e passos bem definidos, é possível transformar este compromisso em uma estratégia eficaz e impactante. Este capítulo fornece um guia passo a passo para planejar, criar e lançar uma c'ampanha de branded content focada nos ODS em apenas 30 dias.

DIA 1-5: DEFINIÇÃO DE OBJETIVOS E SELEÇÃO DE ODS

- **Dia 1**: Revisão dos 17 ODS e seleção daqueles que mais se alinham com a missão, valores e capacidades da sua marca.

- **Dias 2-3**: Definição de objetivos específicos para sua campanha de branded content. O que você espera alcançar? (Por exemplo, aumentar a conscientização, mudar comportamentos, etc.)

- **Dias 4-5**: Identificação do público-alvo para a campanha. Quem você está tentando alcançar e por quê?

DIA 6-10: PLANEJAMENTO DE CONTEÚDO

- **Dia 6**: Brainstorming de ideias de conteúdo que podem efetivamente comunicar os ODS escolhidos e engajar seu público-alvo.

- **Dia 7-8**: Decisão sobre os formatos de conteúdo (por exemplo, vídeos, artigos de blog, infográficos) e as plataformas de distribuição (por exemplo, redes sociais, website, email marketing).

- **Dias 9-10**: Criação de um calendário de conteúdo detalhado, incluindo prazos para criação, revisão e publicação.

DIA 11-15: PRODUÇÃO DE CONTEÚDO

- **Dias 11-13**: Início da produção do conteúdo. Isso pode incluir a escrita de artigos, a produção de vídeos, o design de infográficos e a preparação de posts para redes sociais.

- **Dias 14-15**: Revisão e ajuste do conteúdo produzido, garantindo que esteja alinhado com os objetivos da campanha e os valores da marca.

DIA 16-20: PREPARAÇÃO PARA O LANÇAMENTO

- **Dia 16-17**: Configuração das ferramentas de análise e métricas para medir o sucesso da campanha.

- **Dia 18**: Preparação de um plano de comunicação para o lançamento da campanha, incluindo emails, posts em redes sociais e comunicados de imprensa.

- **Dia 19-20**: Realização de uma prévia interna da campanha para feedback da equipe e ajustes finais.

DIA 21-25: LANÇAMENTO DA CAMPANHA

- **Dia 21**: Lançamento oficial da campanha e monitoramento inicial das reações e engajamento.

- **Dias 22-25**: Execução do plano de comunicação, com a publicação programada de conteúdo nas plataformas selecionadas e o acompanhamento ativo do engajamento.

DIA 26-30: AVALIAÇÃO E AJUSTES

- **Dia 26-27**: Coleta e análise dos primeiros dados de desempenho da campanha.

- **Dia 28**: Identificação de áreas para ajustes rápidos ou melhorias com base nos feedbacks e métricas coletadas.

- **Dia 29**: Implementação de ajustes na campanha, se

necessário.

- **Dia 30**: Avaliação da campanha com base nos objetivos definidos e planejamento de passos futuros com base nas lições aprendidas.

Este plano de ação de 30 dias é apenas o começo. A implementação bem-sucedida de uma estratégia de branded content focada nos ODS requer compromisso contínuo, avaliação e adaptação. Ao seguir este guia, sua marca pode não apenas contribuir para os Objetivos de Desenvolvimento Sustentável, mas também fortalecer sua conexão com o público, construindo uma reputação de liderança em sustentabilidade. Lembre-se, cada passo que você dá em direção à sustentabilidade não apenas beneficia o planeta, mas também reforça o valor da sua marca no coração e na mente do seu público.

Ao virarmos a última página desta jornada juntos, espero sinceramente que os aprendizados compartilhados aqui tenham tocado seu coração e despertado novas perspectivas. Se este livro lhe trouxe algum valor, peço gentilmente que dedique alguns momentos para deixar sua avaliação na Amazon. Suas palavras não apenas me ajudam a crescer e aprimorar minha arte, mas também guiam outros leitores em suas buscas por conhecimento e inspiração. Sua opinião é um presente valioso, tanto para mim quanto para a comunidade de leitores em busca de histórias que transformam. Agradeço de coração por compartilhar esta jornada comigo e espero que possamos nos encontrar novamente nas páginas de uma nova aventura.

REGINALDO OSNILDO

Olá, sou Reginaldo Osnildo, autor e inovador nas áreas de vendas, tecnologia, e estratégias de comunicação. Minha experiência abrange desde o ambiente acadêmico, como professor e pesquisador na Universidade do Sul de Santa Catarina, até a prática como estrategista no Grupo Catarinense de Rádios. Com um doutorado em narrativas de vendas e convergência digital, e um mestrado em storytelling e imaginário social, eu trago para meus leitores uma fusão única entre teoria e prática. Meu objetivo é fornecer conhecimento em uma linguagem simples, prática e didática, incentivando a aplicação direta na vida pessoal e profissional.

Atenciosamente

Prof. Dr. Reginaldo Osnildo

+55 48 991913865

reginaldoosnildo@gmail.com

www.ingramcontent.com/pod-product-compliance
Lightning Source LLC
Chambersburg PA
CBHW070135230526
45472CB00004B/1542

*9 7 9 8 3 2 8 6 2 2 7 5 2 *